60 super-RECETTES · DE · Bouddha BOLS

LAROUSSE
21, rue du Montparnasse - 75283 Paris Cedex 06

Sommaire

Un bowl,
un plat aussi beau que bon !

À table, il est vrai que le plaisir du ventre implique d'abord le plaisir des yeux ! Avec les bowls, vous êtes servis !

Le principe est simple : réunissez des ingrédients soigneusement choisis afin d'obtenir un repas complet, équilibré et gourmand à souhait. Déclinables en version sucrée ou salée, les bowls se dégustent à l'envie, à tout moment de la journée : petit déjeuner, déjeuner, goûter ou dîner.

Associez donc de la viande ou du poisson, des fruits ou des légumes, des céréales et des graines, liez le tout par une sauce, et le tour est joué ! Des versions végétariennes sont également proposées dans cet ouvrage. Une marinade, un mélange d'épices ou d'herbes viennent relever le tout. Jouez aussi sur les cuissons pour mêler fondant et croquant, froid et tiède...

Enfin, soyez attentif à la présentation, qui joue un rôle essentiel ici : joliment disposées, ces différentes préparations pleines de couleurs vous feront saliver d'avance ! Suivez les indications des recettes et des photos, ou faites appel à votre imagination !

Des sauces
pour twister mon bowl !

Marinade

Pour 400 à 500 g de poisson : 4 c. à soupe de sauce soja + 3 c. à soupe d'huile de sésame grillé + graines de sésame, piment, algues... (facultatif)

Sauce soja-gingembre

4 c. à soupe de sauce soja + 1 c. à café d'huile de sésame + 2 cm de gingembre haché + graines de sésame, rondelles de piment oiseau (facultatif)

Sauce yaourt à la coriandre et/ou au citron

100 g de yaourt grec + 1/2 bouquet de coriandre + le jus de 1/4 de citron vert ou jaune + 1 c. à café d'huile d'olive + sel, poivre

Vinaigrette à l'huile de noix

1 c. à café de moutarde + 1 ½ à soupe de vinaigre de cidre + 2 c. à soupe d'huile de noix + 4 c. à soupe d'huile d'olive

Vinaigrette au balsamique

4 c. à soupe d'huile d'olive + 1 c. à soupe de vinaigre balsamique + sel, poivre

Vinaigrette au miel

4 c. à soupe d'huile d'olive + 1 c. à soupe de vinaigre de cidre + 1 c. à café de miel + 1 c. à café de moutarde (facultatif) + sel, poivre

Bowl comme un bibimbap

2 blancs de poulet
en morceaux

+

1 verre de riz gluant

+

1/2 carotte en fins bâtonnets

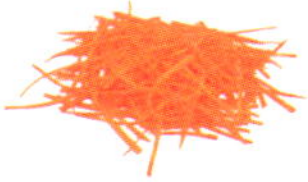

+

200 g de pousses d'épinards

+

2 jaunes d'œufs

+

4 c. à soupe de sauce soja
1 c. à café d'huile de sésame
1 c. à café de miel

Pour 2 bowls
Prép. : 10 min
Cuisson : 15 min

1 Faites dorer les morceaux de poulet avec la sauce soja, l'huile de sésame et le miel.

2 Faites cuire le riz selon les indications du paquet.

3 Faites sauter les carottes 2 min en remuant.

4 Faites rapidement revenir les pousses d'épinards.

5 Dans chaque bol, répartissez les ingrédients préparés, puis déposez 1 jaune d'œuf au centre et parsemez de graines de sésame.

Poulet teryaki,
riz et brocolis

4 cuisses de poulet
désossées avec la peau

+

240 g de riz rond

+

250 g de brocolis
en très fines tranches

+

2 c. à soupe de curry

+

8 c. à soupe de sauce teriyaki

+

1 c. à soupe d'huile de sésame
1 c. à soupe d'huile d'olive
2 c. à soupe de graines de sésame
noir et blanc

1 Assaisonnez le poulet avec du curry, du sel et du poivre.

2 Faites cuire le riz selon les indications du paquet. Réservez au chaud.

3 Faites revenir le brocoli 5 min dans une poêle avec l'huile de sésame. Couvrez.

4 Dans une poêle bien chaude, faites cuire le poulet avec l'huile d'olive 10 min. Coupez-le en lamelles, mettez-les dans la poêle et versez la sauce teriyaki.

5 Répartissez dans chaque bol les différents ingrédients.

Bowl californien
au roquefort

Pour 2 bowls
Prép. : 20 min
Cuisson : 30 min

160 g de filet de poulet émincé

+

1 petit poivron émincé

+

160 g de riz basmati

+

1 avocat

+

60 g de roquefort émietté

+

1/2 courgette en dés
1/2 gousse d'ail
Le jus de 1/2 citron
10 noix

1 Faites revenir le poulet 10 min dans une poêle huilée. Dans une autre poêle huilée, faites revenir le poivron, la courgette et l'ail jusqu'à ce qu'ils soient dorés. Salez et poivrez.

2 Faites cuire le riz selon les indications du paquet.

3 Écrasez l'avocat à la fourchette, ajoutez le jus de citron, du sel et du poivre.

4 Répartissez dans chaque bol le riz puis le poulet, les légumes, la purée d'avocat, le roquefort et les noix.

Chicken rice
aux oignons

Pour 4 bowls
Prép. : 20 min
Cuisson : 1 h 05

1 petit poulet

+

250 g de riz basmati

+

6 cm de gingembre frais

+

2 oignons verts

+

1/2 concombre en rondelles

+

4 gousses d'ail en lamelles
2 c. à soupe d'huile d'olive
Sauce sweet chili

1 Dans une petite marmite, mettez le poulet et la moitié du gingembre coupé en tranches. Salez et versez de l'eau à mi-hauteur. Laissez mijoter 50 min à très petit feu et à couvert.

2 Dans une sauteuse, faites revenir l'ail dans l'huile sans le colorer. Ajoutez le riz et 50 cl de bouillon de cuisson froid du poulet. Couvrez et laissez cuire 15 à 20 min à tout petit feu, pour que le bouillon soit absorbé.

3 Coupez le poulet en 4, puis recoupez chaque part en tranches.

4 Répartissez dans chaque bol les différents ingrédients.

Poulet mariné, asperges et épeautre

2 filets de poulet

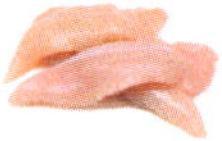

\+

1 botte d'asperges vertes

\+

1 verre d'épeautre

\+

2 c. à soupe d'huile d'olive

\+

2 gousses d'ail

\+

Le zeste et le jus de 1 citron
1/2 bouquet de persil
(en garder un peu pour servir)

Pour 2 bowls
Prép. : 15 min
Cuisson : 40 min

1 Faites cuire l'épeautre dans 2 verres d'eau bouillante 20 à 25 min. Ébouillantez les asperges 5 min.

2 Saisissez les morceaux de poulet avec l'huile 2 à 3 min sur chaque face. Ajoutez l'ail, faites revenir 2 min et versez le jus de citron. Laissez mijoter 2 min, ajoutez le persil, puis salez et poivrez.

3 Répartissez dans chaque bol l'épeautre et les asperges, le poulet et sa sauce. Salez et poivrez. Parsemez du zeste de citron et de persil avant de servir.

Magret de canard,
betteraves et polenta

Pour 2 bowls
Prép. : 10 min
Cuisson : 20 min

1 magret de canard

+

6 petites betteraves en quartiers

+

120 g de polenta

+

1 c. à soupe de miel

+

3 brins de thym

+

2 c. à soupe d'huile d'olive
1 poignée de micropousses de betterave

1 Poêlez le magret côté peau en éliminant le gras au fur et à mesure. Retournez-le pour dorer l'autre côté.

2 Placez les betteraves sur une plaque avec le miel, l'huile et le thym. Salez, poivrez et mélangez. Mettez le magret au milieu et enfournez pour 15 min à 180 °C.

3 Dans une casserole, faites bouillir 1/2 l d'eau salée. Versez la polenta en fouettant. Laissez cuire 1 min, ôtez du feu et mélangez.

4 Répartissez dans chaque bol la polenta, le magret coupé en fines tranches et les betteraves. Arrosez du jus du plat et parsemez des micropousses.

Sauté asiatique,
canard au sésame grillé

200 g de magret de canard
dégraissé en lamelles

+

2 gousses d'ail

+

200 g de pousses d'épinards

+

100 g de pousses
de pois chiches germés

+

100 g de pousses de soja

+

1 c. à soupe d'huile de sésame
2 c. à soupe d'huile d'arachide
2 c. à soupe de sauce soja sucrée
2 c. à soupe de graines
de sésame grillées

1 Faites chauffer l'huile de sésame dans un wok. Faites revenir le canard et l'ail 3 min. Réservez. Ajoutez les épinards et faites-les réduire. Réservez.

2 Mettez les pousses de pois chiches et de soja dans le wok avec l'huile d'arachide et faites revenir 3 min. Arrosez de sauce soja, mélangez et faites revenir encore 1 min. Salez et poivrez.

3 Répartissez dans chaque bol les différents ingrédients.

Bowl thaï,
bœuf et coco

200 g de bœuf haché

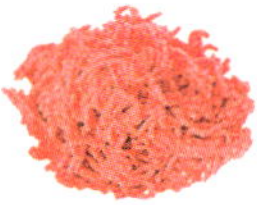

+

160 g de riz basmati au jasmin

+

1 poivron rouge émincé

+

Lait de coco

+

2 oignons nouveaux

+

Le jus de 1/2 citron vert
4 c. à soupe de sauce soja
3 c. à soupe d'huile de sésame
1 morceau de citronnelle haché
1 c. à café de gingembre

Pour 2 bowls
Prép. : 15 min
Cuisson : 15 min

1 Mélangez le poivron, les oignons, le jus de citron et la moitié de la sauce soja.

2 Versez à volume égal dans une casserole du lait de coco et de l'eau. Portez à ébullition, ajoutez le riz, 2 c. à soupe d'huile de sésame, la citronnelle, du sel et du poivre. Mélangez, couvrez et laissez cuire 10 min. Coupez le feu et laissez couvert jusqu'à ce que tout le liquide soit absorbé.

3 Faites chauffer le reste d'huile dans un wok et faites dorer le gingembre. Ajoutez le bœuf, du sel et du poivre. Faites revenir 5 min. Versez le reste de sauce soja et faites revenir encore 5 min.

4 Répartissez dans chaque bol le riz, le bœuf puis les légumes.

Lamelles de bœuf, et légumes racines

2 panais en dés

\+

1 patate douce en dés

\+

1 poignée de pousses d'épinards

\+

400 g de rumsteck en lamelles

\+

1 verre de riz semi-complet

\+

3 c. à soupe d'huile d'olive
1 c. à soupe de paprika
Micropousses de cresson

1 Arrosez les panais et la patate douce de 2 c. à soupe d'huile et de paprika. Salez, poivrez et enfournez pour 20 min à 200 °C.

2 Faites cuire le riz selon les indications du paquet.

3 Faites chauffer 1 c. à soupe d'huile dans une poêle et faites dorer le bœuf sur chaque face. Salez et poivrez.

4 Répartissez dans chaque bol le riz, les légumes avec leur jus, les lamelles de bœuf avec leur jus et les pousses d'épinards. Parsemez de cresson.

Tataki de bœuf, pamplemousse et quinoa

Pour 2 bowls
Prép. : 5 min
Cuisson : 20 min
Marinade : 2 h

Le jus de 1 pamplemousse

\+

250 g de filet de bœuf

\+

1/4 de chou rouge émincé

\+

1 carotte râpée

\+

1 verre de quinoa

\+

Sauce soja-gingembre (voir p. 5)
1 poignée de pousses de soja
Ciboulette ciselée

1 Mélangez la sauce et le jus de pamplemousse. Plongez la viande dans la moitié de cette marinade et les légumes dans l'autre. Placez 2 h au frais en retournant régulièrement la viande.

2 Faites cuire le quinoa dans 2 verres d'eau bouillante à couvert pendant 12 min.

3 Saisissez la viande égouttée à feu vif 2 min sur chaque face et réservez. Faites réduire la marinade 1 à 2 min à feu vif.

4 Répartissez dans chaque bol les différents ingrédients.

Boulettes d'agneau, aubergine, et semoule

250 g d'agneau haché

\+

1 aubergine en 1/2 rondelles

\+

1 verre de semoule de blé

\+

1 botte de menthe

\+

40 g de raisins secs

\+

1 oignon ciselé
2 gousses d'ail hachées
6 c. à soupe d'huile d'olive

Pour 2 bowls
Prép. : 10 min
Cuisson : 25 min

1 Enfournez les rondelles d'aubergine badigeonnées d'huile 20 min à 200 °C, en les retournant à mi-cuisson.

2 Faites cuire la semoule selon les indications du paquet.

3 Mélangez la viande, l'oignon, l'ail et un peu de menthe. Salez, poivrez et formez des boulettes. Faites-les dorer avec 4 c. à soupe d'huile d'olive dans une poêle.

4 Répartissez dans chaque bol la semoule mélangée avec les raisins secs, les boulettes, les aubergines et le reste de menthe.

Pulled pork, carottes rôties

Pour 2 bowls
Prép. : 10 min
Cuisson : 3 h 15

1 kg de cou de porc en 3 morceaux

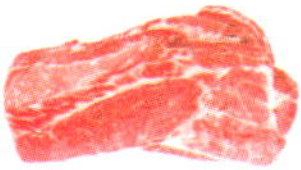

+

2 carottes en rondelles

+

350 g de sauce tomate « passata »

+

1/2 concombre en rondelles

+

1 tasse de semoule de blé

+

2 c. à soupe de sirop d'érable
1 cube de bouillon
Coriandre ciselée

1 Placez le porc dans une cocotte avec la sauce tomate, le cube de bouillon et 75 cl d'eau. Salez, poivrez et portez à ébullition. Couvrez et placez au four 3 h à 200 °C

2 Placez les carottes et le sirop d'érable sur une plaque, salez, poivrez et enfournez pour 15 min.

3 Faites cuire la semoule le temps indiqué sur le paquet.

4 Répartissez dans chaque bol les différents ingrédients.

Bowl cake
au jambon

Pour 2 bowls
Prép. : 5 min
Cuisson : 5 min

2 œufs

50 g d'emmental râpé

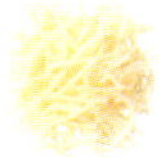

80 g de flocons d'avoine

1/2 c. à café de levure chimique

80 g de jambon blanc
dégraissé et émincé

6 c. à soupe de lait
2 petits oignons finement émincés

1 Dans un saladier, fouettez les œufs avec le lait. Ajoutez les flocons d'avoine et la levure, puis mélangez. Incorporez le jambon, l'emmental et les oignons. Mélangez à nouveau.

2 Répartissez la préparation dans 2 bols. Faites-les successivement cuire au four à micro-ondes 4 min. Démoulez sur des assiettes.

Boulettes de bœuf,
cèpes et quinoa

1 verre de quinoa noir

+

6 cèpes (ou 12 petits) finement émincés

+

300 g de bœuf haché

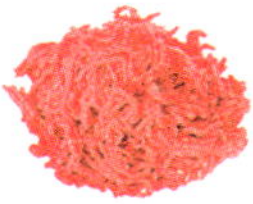

+

2 cébettes ciselées

+

1 sauce pesto

+

1 échalote ciselée
2 c. à soupe d'huile d'olive
1 gousse d'ail hachée

Pour 2 bowls
Prép. : 15 min
Cuisson : 22 min

1 Faites cuire le quinoa dans 2 verres d'eau bouillante à couvert 12 min.

2 Mélangez la viande avec l'échalote et les cébettes, un peu de sel et de poivre. Formez des boulettes et faites-les dorer sur toutes leurs faces avec l'huile. Réservez. Faites dorer les cèpes avec l'ail.

3 Répartissez dans chaque bol les différents ingrédients.

Poke bowl
thon, mangue et riz

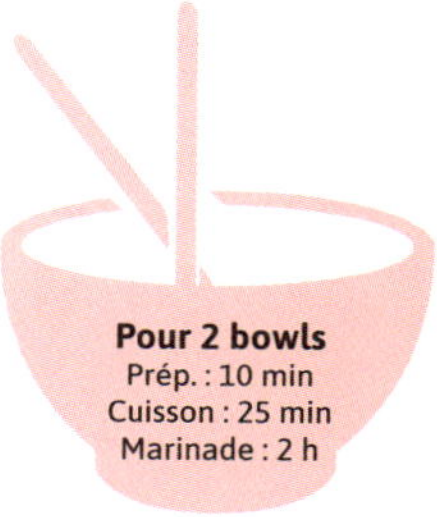

Pour 2 bowls
Prép. : 10 min
Cuisson : 25 min
Marinade : 2 h

250 g de thon frais
en petits dés

+

1/2 mangue en petits dés

+

1 verre de riz noir gluant rincé

+

Le jus de 2 citrons verts
et le zeste de 1/2

+

1/2 oignon rouge ciselé

+

3 c. à soupe d'huile d'olive
Quelques brins de ciboulette ciselés

1 Mélangez le thon, le jus et le zeste des citrons, l'oignon et l'huile dans un bol, puis filmez et placez au frais 2 h, en mélangeant de temps en temps.

2 Dans une casserole d'eau bouillante, faites cuire le riz 25 min.

3 Répartissez dans chaque bol le riz noir, le thon et la mangue. Parsemez de ciboulette, salez et arrosez de marinade.

Thon mi-cuit, pois gourmands et nouilles

200 g de steak de thon

150 g de pois gourmands

150 g de nouilles aux œufs

Quelques rondelles
de piment oiseau

Quelques pousses de cresson

Sauce soja-gingembre (voir p. 5)
2 c. à soupe de mélange
de sésame noir et doré

1 Plongez le thon dans la sauce mélangée au piment, filmez et placez 2 h au frais.

2 Ébouillantez les pois 5 min.

3 Faites cuire les nouilles selon les indications du paquet.

4 Faites dorer le thon sur chaque face 1 min et réservez. Faites revenir dans la poêle la marinade et les pois égouttés 1 à 2 min.

5 Répartissez dans chaque bol les nouilles, le thon coupé en tranches fines et les pois. Parsemez de cresson et de sésame, et poivrez.

Poke ahi
thon et ananas

400 g de thon en dés de 1,5 cm

+

4 tranches d'ananas en petits dés

+

450 g de riz rond ou à sushi

+

2 concombres Noa pelés
et en fines rondelles

+

3 oignons nouveaux émincés

+

2 c. à soupe de noix de cajou
grillées et salées hachées
Marinade (voir p. 5)

Pour 4 bowls
Prép. : 25 min
Repos : 20 min

1 Dans un plat, mélangez la marinade et 1 c. à soupe de paillettes d'algues. Ajoutez le poisson et réservez 20 min au frais.

2 Faites cuire le riz selon les indications du paquet.

3 Répartissez dans chaque bol le riz, le concombre, le poke ahi mélangé avec l'ananas et l'oignon. Parsemez de noix de cajou.

Saumon fumé
et coleslaw

6 tranches de saumon fumé
en lanières

\+

1 verre de boulgour

\+

1/2 fenouil en fins lamelles

\+

1/2 pomme acidulée
en fins bâtonnets

\+

30 g de cranberries séchées

\+

4 c. à soupe de yaourt nature
Le jus de 1/2 citron
Baies roses

Pour 2 bowls
Prép. : 10 min
Cuisson : 15 min

1 Faites cuire le boulgour dans 2 verres d'eau bouillante à couvert 15 min.

2 Mélangez le fenouil, la pomme, le yaourt et les cranberries avec le jus du citron.

3 Répartissez dans chaque bol les différents ingrédients et salez.

Salade de lentilles
au saumon

1 verre de lentilles noires beluga

+

3 tranches de saumon fumé en petits carrés

+

1 œuf

+

Le jus de 1/2 citron

+

1 salade carmine

+

Vinaigrette au balsamique (voir p. 5)
6 brins de ciboulette ciselés
1/2 échalote émincée
2 c. à soupe de graines de lin

1 Plongez l'œuf 5 min dans de l'eau bouillante. Laissez refroidir et écalez-le.

2 Faites cuire les lentilles dans l'eau bouillante 15 min. Mélangez-les avec l'échalote et la vinaigrette. Salez et poivrez. À part, mélangez le saumon et le jus de citron.

3 Répartissez dans chaque bol la salade de lentilles, le saumon, la carmine, la ciboulette et les graines de lin. Salez et poivrez. Au dernier moment, ajoutez l'œuf mollet coupé en 2.

Poke
coco saumon

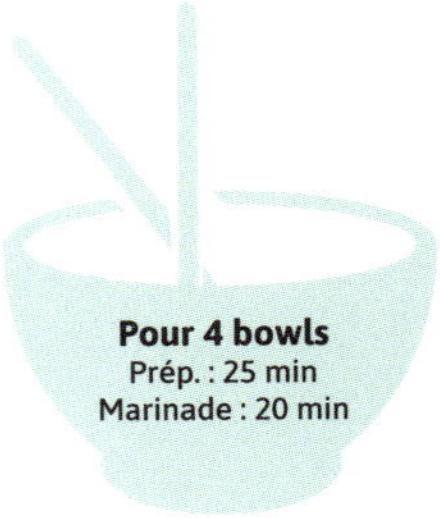

400 g de pavés de saumon en dés de 1,5 cm

+

15 cl de crème de coco

+

450 g de riz thaï

+

1 concombre

+

2 avocats en dés

+

60 g de copeaux de noix de coco

+

Marinade (voir p. 5)

1 Dans un plat, mélangez la marinade et la crème de coco. Ajoutez le poisson et réservez 20 min au frais.

2 Faites cuire le riz selon les indications du paquet.

3 Torréfiez les copeaux de noix de coco dans une poêle jusqu'à ce qu'ils commencent à colorer.

4 Pelez le concombre, coupez-le en 2, épépinez-le et coupez-le en tout petits dés.

5 Répartissez dans chaque bol le riz, puis le poisson et sa marinade mélangés avec le concombre et les avocats. Parsemez de copeaux de coco.

Mi-cuit de saumon, avocat et quinoa

250 g de saumon en cubes

+

1 avocat en dés

+

1 verre de quinoa rouge

+

1 poignée de pourpier

+

1/2 chou-rave finement tranché

+

2 c. à soupe de sésame doré
Vinaigrette au balsamique (voir p. 5)
Le jus de 1 citron

Pour 2 bowls
Prép. : 10 min
Cuisson : 16 min

1 Faites cuire le quinoa dans 2 verres d'eau bouillante, à couvert, 12 min.

2 Roulez les cubes de saumon dans le sésame. Faites-les dorer avec 1 c. à soupe de vinaigrette, à feu vif, 1 min sur quatre de leurs faces.

3 Répartissez dans chaque bol le quinoa, le saumon, le pourpier, l'avocat et le chou-rave. Aspergez du reste de vinaigrette et de jus de citron, puis poivrez.

Poke de lotte vanillée

400 g de queue de lotte nettoyée en dés de 1,5 cm

+

1 gousse de vanille

+

3 oignons nouveaux hachés

+

450 g de riz rond ou à sushi

+

1 petit potimarron pelé, en dés de 1,5 cm

+

5 c. à soupe d'huile de sésame grillé
5 c. à soupe d'algues hijiki
2 c. à soupe de graines de sésame

Pour 4 bowls
Prép. : 25 min
Cuisson : 10 min
Repos : 45 min

1 Dans un plat, mélangez 4 c. à soupe d'huile, les graines de la vanille et le blanc des oignons. Ajoutez le poisson et réservez au frais 30 min.

2 Réhydratez les hijiki dans de l'eau bouillante pendant 15 min et rincez-les.

3 Faites cuire le riz selon les indications du paquet.

4 Pochez le potimarron dans une casserole d'eau bouillante salée 10 min, jusqu'à ce qu'il soit tendre. Égouttez et mélangez avec les algues, le sésame et 1 c. à soupe d'huile de sésame.

5 Répartissez dans chaque bol le riz, puis le potimarron tiédi et le poke de lotte.

Poke cabillaud
et betterave

Pour 4 bowls
Prép. : 12 min
Cuisson : 1 h 30

500 g de cabillaud en dés de 1 cm

\+

1 petite betterave cuite en dés

\+

1 petit oignon blanc haché

\+

1 concombre en petits bâtonnets

\+

450 g de riz rond ou à sushi

\+

1 marinade (voir p. 5)
2 c. à soupe de nori en paillettes
1 c. à soupe d'huile de sésame grillé
3 c. à soupe de graines de sésame noir et blanc
4 brins de cerfeuil effeuillé

1 Dans un plat creux, mélangez le poisson, la betterave et l'oignon avec la marinade. Réservez 1 h au frais.

2 Faites dégorger le concombre avec 2 c. à soupe de sel pendant 30 min, puis rincez-le et égouttez-le.

3 Réhydratez l'algue dans de l'eau chaude 2 min et égouttez-la. Mélangez le concombre, l'algue, l'huile et les graines de sésame.

4 Répartissez dans chaque bol le concombre et le poke de cabillaud rose. Parsemez de cerfeuil.

Poke bar
et mangue

500 g de filets de bar
en dés de 1 cm

2 avocats

4 cives ciselées

1 mangue

450 g de riz rond ou à sushi

1 marinade (voir p. 5)
2 c. à soupe de graines de sésame
2 c. à soupe de paillettes d'algues
2 c. à soupe de jus de citron

Pour 4 bowls
Prép. : 20 min
Repos : 15 min

1 Mélangez le sésame, les paillettes d'algues, le bar et les cives avec la marinade. Réservez au frais.

2 Lavez la mangue et épluchez-la avec un Économe. Coupez-la dans la hauteur de chaque côté plat du noyau, puis émincez la chair en fines tranches.

3 Coupez l'avocat en 2 et retirez le noyau. Enlevez la peau, citronnez la chair et coupez-la en tranches sans aller jusqu'au bout, pour présenter l'avocat en éventail.

4 Répartissez le riz, la mangue, l'avocat et le poke de bar dans chaque bol.

Poke
saint-jacques

Pour 4 bowls
Prép. : 25 min
Cuisson : 15 min
Marinade : 30 min

12 coquilles Saint-Jacques

\+

3 cives hachées

\+

150 g de quinoa

\+

2 avocats

\+

2 c. à soupe de graines de sésame grillées

\+

Marinade (voir p. 5)

1 Ouvrez les saint-jacques, détachez la noix et retirez les bardes. Rincez-les, coupez-les en 2 dans l'épaisseur, puis coupez chaque tranche en 4.

2 Mélangez la marinade avec les cives et les saint-jacques. Réservez au frais 30 min.

3 Faites cuire le quinoa selon les indications du paquet. Ajoutez les paillettes d'algues et laissez tiédir hors du feu, sans couvrir.

4 Au moment de servir, coupez les avocats en 4 et coupez-les en tranches fines.

5 Répartissez dans chaque bol le quinoa, puis les avocats, le poke et le sésame.

Poke
crabe

4 pinces de crabe cuites

450 g de riz rond ou à sushi

1 pamplemousse rose

2 avocats en dés

1/2 poivron jaune en petits dés

2 c. à soupe d'huile de sésame
4 brins de cerfeuil
10 brins de ciboulette ciselés
2 c. à soupe de graines de sésame grillées

Pour 4 bowls
Prép. : 30 min

1. Cassez les pinces de crabe et coupez la chair en dés de 1,5 cm de côté.

2. Faites cuire le riz selon les indications du paquet.

3. Pelez le pamplemousse à vif et prélevez les suprêmes. Coupez-les en morceaux et pressez la peau pour recueillir 3 c. à soupe de jus. Mélangez les avocats et le pamplemousse. Émulsionnez le jus avec l'huile. Versez sur la salade.

4. Mélangez le poivron et le crabe.

5. Répartissez dans chaque bol le poke de crabe et la salade sur le riz. Parsemez de cerfeuil, de ciboulette et de graines de sésame.

Salade d'agrumes
et asperges

1/2 pamplemousse

+

1 orange

+

8 pointes d'asperges vertes

+

2 poignées de pousses d'épinards

+

15 g d'amandes effilées torréfiées

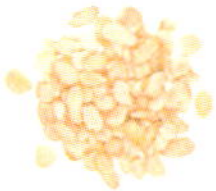

+

3 c. à soupe d'huile d'olive
1 pointe de moutarde
2 c. à soupe de graines de courge, chia et tournesol

Pour 2 bowls
Prép. : 10 min
Cuisson : 8 min

1 Faites cuire à l'eau bouillante salée les pointes d'asperges, jusqu'à ce qu'elles soient cuites, mais à peine croquantes. Égouttez et laissez refroidir.

2 Pelez l'orange et le pamplemousse à vif et prélevez les suprêmes. Conservez le jus.

3 Dans un saladier, mélangez les épinards, les asperges, l'huile, le jus des agrumes et la moutarde. Salez et poivrez.

4 Répartissez dans chaque bol le mélange précédent et, dessus, en alternance, les suprêmes d'agrumes. Parsemez d'amandes et de graines.

Épeautre
et légumes fraîcheur

120 g d'épeautre

+

4 mini-concombres en rondelles

+

1/2 botte de radis roses
en rondelles

+

1 gousse d'ail hachée

+

60 g de feta allégée

+

2 branches de menthe ciselées
2 c. à soupe d'huile d'olive
3 c. à soupe de jus de citron

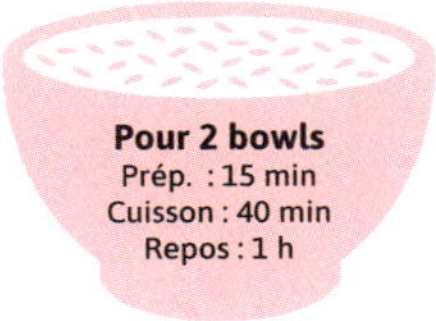

1 Faites cuire l'épeautre selon les indications du paquet.

2 Dans un saladier, mélangez le concombre, les radis, l'ail, la menthe, l'huile, le jus de citron, du sel et du poivre.

3 Répartissez dans chaque bol l'épeautre refroidi, puis les légumes et la feta. Placez au moins 1 h au frais avant de servir.

Œufs pochés, avocat et millet

1 verre de millet

2 œufs

1 avocat finement tranché

5 radis ronds finement tranchés

Le jus de 1/2 citron

1 c. à soupe d'huile d'olive
1 c. à soupe de graines de lin
1 poignée de micropousses

1 Faites cuire le millet dans 2 verres d'eau bouillante à couvert 20 min.

2 Pochez les œufs dans de l'eau bouillante 4 min. Égouttez-les délicatement.

3 Répartissez dans chaque bol le millet, l'avocat, les radis et 1 œuf. Aspergez de jus de citron et d'huile. Parsemez de graines de lin et de micropousses, salez et poivrez.

Quinoa,
avocat et noix de pécan

50 g de quinoa

1 avocat finement tranché

50 g de noix de pécan hachées

25 cl de lait d'amande

4 c. à soupe de miel

1 Faites cuire le quinoa selon les indications du paquet, puis versez le lait dessus.

2 Répartissez dans chaque bol les différents ingrédients.

Betteraves,
riz et jeunes pousses

2 betteraves cuites en dés

+

1 verre de riz de Camargue

+

1 poignée de mesclun
de jeunes pousses

+

Quelques micropousses
de cresson

+

Sauce yaourt au citron (voir p. 5)

1 Faites cuire le riz dans un grand volume d'eau bouillante salée pendant 30 à 35 min.

2 Répartissez dans chaque bol le riz, la betterave, les pousses de mesclun et le cresson. Salez, poivrez, puis ajoutez la sauce yaourt et mélangez.

Fenouil,
halloumi grillé et chou kale

1/2 fenouil

\+

8 tranches d'halloumi (200 g)

\+

2 feuilles de chou kale
en petits morceaux

\+

2 c. à soupe d'huile d'olive

\+

Le jus et la moitié
du zeste de 1 orange

\+

3 brins d'aneth ciselés
Baies roses

Pour 2 bowls
Prép. : 10 min
Cuisson : 8 min

1 Faites revenir le fenouil avec 1 c. à soupe d'huile. Quand il devient translucide, ajoutez le jus d'orange et salez. Laissez mijoter à feu doux jusqu'à ce que le liquide ait réduit. Réservez.

2 Faites revenir à feu vif le chou kale, avec un peu de sel, jusqu'à ce qu'il soit tendre, puis réservez.

3 Faites dorer les tranches de halloumi avec le reste d'huile.

4 Répartissez dans chaque bol les différents ingrédients et salez.

Riz,
noix de pécan et légumes racines

350 g de carottes, racines de persil et salsifis

\+

1 oignon haché

\+

150 g de riz complet

\+

60 g de bûche de chèvre

\+

3 c. à soupe de noix de pécan

\+

20 g de beurre
1 c. à soupe d'huile d'olive
Quelques brins de persil ciselés

1 Faites cuire les légumes racines 10 à 15 min à l'eau bouillante salée.

2 Faites fondre l'oignon dans une poêle avec le beurre 5 min. Ajoutez les légumes et faites revenir quelques minutes. Salez et poivrez.

3 Faites cuire le riz selon les indications du paquet.

4 Faites chauffer l'huile dans une poêle et faites revenir le riz quelques minutes. Salez et poivrez. Ajoutez le persil.

5 Répartissez dans chaque bol le riz et les légumes. Parsemez de chèvre émietté et de noix de pécan.

Kale
en salade

2 feuilles de chou kale
en fines lamelles

+

120 g d'orge perlé

+

1 morceau de betterave crue,
en fines lamelles

+

1 radis noir pelé, en fines lamelles

+

4 c. à soupe de noisettes hachées
et grillées

+

3 c. à soupe d'huile d'olive
1 c. à café de jus de citron

1 Faites cuire l'orge selon les indications du paquet. Égouttez et laissez refroidir.

2 Mélangez le chou avec 2 c. d'huile et le jus de citron. Salez et poivrez. Massez les feuilles avec les mains pour les rendre plus tendres. Laissez reposer 10 min. Mélangez avec l'orge.

3 Répartissez dans chaque bol le kale à l'orge. Ajoutez la betterave et le radis sur le dessus, en les alternant. Parsemez de noisettes et versez le reste d'huile.

Patate douce
rôtie au quinoa

250 g de patate douce en rondelles

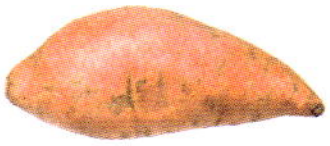

\+

60 g de quinoa

\+

50 g de feta émiettée

\+

1 avocat en dés

\+

8 tomates cerises coupées en 2

\+

2 c. à soupe d'huile d'olive
Le jus de 1/2 citron
50 g de jeunes pousses
1 c. à café de vinaigre balsamique
4 brins de coriandre ciselée

Pour 2 bowls
Prép. : 15 min
Cuisson : 15 min

1 Mélangez les patates douces avec 1 c. à soupe d'huile, du sel et du poivre. Déposez-les sur une plaque recouverte de papier cuisson et enfournez pour 15 min à four chaud (220 °C), en les retournant à mi-cuisson.

2 Rincez le quinoa. Faites-le cuire dans 2 fois son volume d'eau bouillante salée. Égouttez et laissez refroidir.

3 Arrosez l'avocat de jus de citron. Dans un saladier, réunissez le quinoa, les patates douces, les jeunes pousses, les avocats et les tomates. Mélangez l'huile restante avec le vinaigre, salez et poivrez. Versez cette sauce sur la salade et mélangez.

4 Répartissez le tout dans chaque bol. Ajoutez la feta et la coriandre.

Shiratakis
et courgettes aux herbes

1 paquet de shiratakis de konjac

+

2 courgettes en dés

+

2 branches de menthe ciselées

+

2 branches de coriandre ciselées

+

1 oignon haché

+

1 gousse d'ail hachée
1 c. à soupe d'huile d'olive
2 quartiers de citron

1 Rincez abondamment les shiratakis et faites-les cuire 3 min à l'eau bouillante.

2 Dans une poêle, faites chauffer l'huile. Ajoutez l'oignon, l'ail puis la courgette pour qu'ils soient légèrement dorés. Couvrez et laissez cuire 10 min environ.
Salez et poivrez. Ajoutez les shiratakis et faites revenir quelques minutes à feu vif.
Ajoutez les herbes.

3 Répartissez dans chaque bol la poêlée et le citron.

Salade de blé
aux cerises

100 g de blé précuit

+

150 g de cerises coupées en 2

+

100 g de feta en dés

+

10 feuilles de basilic ciselées

+

1/2 oignon rouge haché

+

2 c. à soupe d'huile d'olive
1 c. à café de vinaigre balsamique

Pour 2 bowls
Prép. : 15 min
Cuisson : 20 min

1 Faites cuire le blé dans un grand volume d'eau salée 15 min. Passez-le sous l'eau froide.

2 Faites revenir les cerises dans 1 filet d'huile 5 min.

3 Mélangez tous les ingrédients de la salade, salez et poivrez. Arrosez d'huile et de vinaigre, puis répartissez dans chaque bol.

Salade de riz,
kale croustillant et framboises

200 g de riz basmati demi-complet

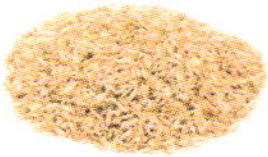

\+

2 feuilles de chou kale hachées (sans les côtes)

\+

100 g de framboises

\+

1 c. à soupe de purée d'amande

\+

1 petit concombre en rondelles

\+

Le jus de 1/2 citron
6 c. à soupe d'huile d'olive
2 c. à soupe de noix de pécan concassées
2 c. à soupe de vinaigre de framboise

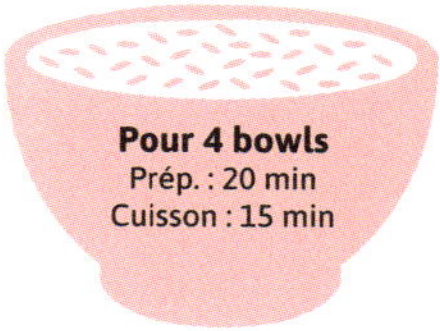

1 Mettez le kale dans un saladier avec la purée d'amande, le jus de citron, 2 c. à soupe d'huile et du sel. Malaxez pour bien enrober les feuilles. Déposez-les sur une plaque et enfournez pour 15 min à four chaud (180 °C). Laissez refroidir.

2 Faites cuire le riz selon les indications du paquet. Rincez-le sous l'eau froide.

3 Mélangez les noix de pécan, le concombre et le riz. Incorporez délicatement les framboises et le kale.

4 Répartissez le tout dans chaque bol et assaisonnez d'un mélange de vinaigre de framboise et de 4 c. à soupe d'huile. Salez et poivrez.

Tofu grillé,
nouilles soba et shiitakés

200 g de tofu

\+

3 cm de gingembre

\+

200 g de nouilles soba

\+

250 g de shiitakés

\+

1/2 chou blanc

\+

1 gousse d'ail écrasée
Sauce soja-gingembre (voir p. 5)
2 cives ciselées

Pour 2 bowls
Prép. : 15 min
Cuisson : 15 min
Marinade : 1 h

1 Mélangez le tofu, l'ail, le gingembre et la sauce. Filmez et placez au frais 1 h en remuant de temps en temps.

2 Faites dorer le tofu égoutté à feu vif et réservez.

3 Faites réduire la marinade à feu vif et ajoutez les shiitakés. Laissez dorer 2 min et réservez. Mettez le chou dans la poêle et faites-le revenir 2 min en remuant.

4 Faites cuire les nouilles selon les indications du paquet.

5 Répartissez dans chaque bol les différents ingrédients.

Pomme et radis
au chèvre

1 pomme rouge en fins bâtonnets

+

1 radis noir en fins bâtonnets

+

60 g de chèvre frais émietté

+

2 poignées de pousses d'épinards

+

Le zeste de 1 orange
et 3 c. à soupe de jus

+

Quelques graines germées
1 poignée de noisettes torréfiées et concassées
3 c. à soupe d'huile de noisette

1 Répartissez dans chaque bol les pousses d'épinards, puis la pomme et le radis noir. Surmontez le tout de chèvre, de graines germées, de noisettes et de zeste d'orange.

2 Mélangez le jus d'orange et l'huile. Salez et poivrez. Versez dans les bols.

Healthy cream
d'épinards

500 g de pousses d'épinards

+

4 c. à soupe de boulgour

+

2 pincées de pousses d'alfalfa

+

1 c. à café de graines de chia

+

1/2 c. à café de curry

+

2 c. à soupe de crème légère
0,5 l de bouillon de bœuf
1 c. à soupe d'huile d'olive

Pour 2 bowls
Prép. : 10 min
Cuisson : 10 min

1 Faites cuire le boulgour selon les indications du paquet.

2 Faites chauffer le bouillon dans une grande casserole. Ajoutez les épinards et faites cuire quelques minutes.

3 Mixez les épinards et la crème dans un blender. Salez et poivrez.

4 Servez la soupe chaude surmontée de boulgour, de pousses d'alfalfa, de graines de chia et de curry. Versez l'huile.

Dhal
de lentilles corail, riz et cacahuètes

200 g de lentilles corail

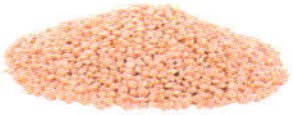

1 verre de riz basmati

40 g de cacahuètes non salées, hachées

1 oignon rouge ciselé

1 gousse d'ail hachée

1 c. à soupe de curry
Quelques brins de coriandre
Sauce yaourt à la coriandre
(voir p. 5)

Pour 2 bowls
Prép. : 10 min
Cuisson : 30 min

1 Placez les lentilles, l'oignon, l'ail, le curry et 70 cl d'eau dans une casserole. Salez et portez à ébullition. Baissez, couvrez et laissez mijoter 20 min.

2 Faites cuire le riz selon les indications du paquet.

3 Répartissez dans chaque bol les différents ingrédients. Salez et poivrez.

Pâtes de quinoa
aux épinards et chou-fleur grillé

Pour 4 bowls
Prép. : 20 min
Cuisson : 35 min

1 chou-fleur

+

2 c. à soupe d'huile d'olive

+

150 g d'épinards ciselés

+

400 g de pâtes de quinoa

+

50 g d'amandes torréfiées et concassées

+

2 c. à soupe d'huile de noisette

1 Détaillez la moitié du chou-fleur en fines lamelles. Répartissez-les dans un plat et arrosez de 1 c. d'huile d'olive. Salez et enfournez pour 25 min à four chaud (220 °C).

2 Détaillez le reste en petites fleurettes et faites cuire 10 min à l'eau salée.

3 Faites sauter les épinards avec le reste d'huile d'olive.

4 Faites cuire les pâtes selon les indications du paquet.

5 Répartissez dans chaque bol les différents ingrédients et arrosez d'huile de noisette.

Lentilles vertes,
carotte et pomme

150 g de lentilles vertes du Puy

+

1 verre d'épeautre précuit

+

1 carotte râpée

+

1 pomme acidulée en petits dés

+

20 g de graines de courge torréfiées

+

4 rondelles de citron
2 brins d'aneth ciselés
Vinaigrette au miel (voir p. 5)

Pour 2 bowls
Prép. : 10 min
Cuisson : 25 min

1 Faites cuire les lentilles à l'eau bouillante salée 20 min et l'épeautre 20 à 25 min.

2 Répartissez dans chaque bol les lentilles et l'épeautre, puis la carotte, la pomme et 2 rondelles de citron. Parsemez de graines de courge et l'aneth. Ajoutez la vinaigrette et mélangez.

Tapioca
aux agrumes

Pour 4 bowls
Prép. : 15 min
Cuisson : 20 min

50 g de perles de tapioca

Le zeste de 1 citron

2 oranges

2 clémentines

70 cl de lait de soja

50 g de sucre en poudre
2 brins de coriandre ciselée

1 Portez le lait à ébullition avec le sucre et le zeste de citron. Versez les perles de tapioca, mélangez et faites cuire à feu doux 15 à 20 min, jusqu'à ce que les perles soient translucides, en remuant régulièrement.

2 Répartissez le mélange dans les bols.

3 Pelez les agrumes à vif et prélevez-en les suprêmes. Déposez-les sur le tapioca et parsemez de coriandre.

Bowl
façon porridge

90 g de flocons d'avoine

\+

4 c. à soupe de miel

\+

4 c. à soupe de myrtilles

\+

20 g de noix hachées

\+

20 g d'amandes hachées

\+

40 cl de lait
2 carrés de chocolat noir concassés

Pour 2 bowls
Prép. : 5 min
Cuisson : 5 min

1 Faites frémir le lait dans une casserole. Versez les flocons d'avoine, puis laissez-les gonfler quelques minutes hors du feu, répartis dans 2 bols. Ajoutez la moitié du miel, mélangez et laissez refroidir.

2 Parsemez de myrtilles, de noix, d'amandes et de chocolat.

3 Nappez le tout avec le reste du miel.

Quinoa
aux pruneaux façon riz au lait

200 g de quinoa

45 cl de lait

50 g de sirop d'agave

8 pruneaux en dés

Pour 4 bowls
Prép. : 10 min
Cuisson : 5 min
Repos : 2 h

1 Rincez le quinoa et mettez-le dans une casserole. Ajoutez le lait et le sirop d'agave. Portez à ébullition et laissez mijoter tout doucement, jusqu'à ce que le liquide soit absorbé.

2 Ajoutez les pruneaux et répartissez le tout dans chaque bol. Réservez au moins 2 h au frais avant de servir.

Flocons d'avoine,
chocolat noir et grenade

Pour 4 bowls
Prép. : 5 min
Cuisson : 20 min

200 g de flocons d'avoine

+

10 cl d'huile de coco

+

50 g de riz complet soufflé

+

100 g de chocolat noir en morceaux

+

1 grenade

+

5 cl de sirop d'érable

1 Faites fondre l'huile de coco dans une petite casserole, puis versez-la dans un grand bol. Ajoutez les flocons d'avoine, le riz soufflé, le sirop d'érable et 1 pincée de sel. Mélangez bien.

2 Étalez la préparation sur une plaque. Enfournez pour 20 min à four chaud (200 °C), en mélangeant toutes les 5 min.

3 Répartissez dans chaque bol. Agrémentez de chocolat et de grenade.

Bowl façon chia pudding

40 g de graines de chia

\+

40 cl de lait d'amande

\+

1 c. à café de graines de vanille

\+

4 c. à soupe de sirop d'érable

\+

2 figues coupées en 4

Pour 2 bowls
Prép. : 35 min
Repos : 1 nuit

1 La veille, versez les graines de chia, le lait, la vanille et le sirop d'érable dans un bol. Mélangez 3 fois toutes les 10 min. Filmez et réservez au frais toute 1 nuit.

2 Le jour même, répartissez la préparation dans chaque bol et ajoutez les figues. Servez frais.

Smoothie bowl
de superfruits

1 banane en morceaux

+

2 yaourts de soja à la framboise

+

6 cl de lait de soja

+

100 g de framboises

+

4 c. à soupe de mulberries
et baies de goji

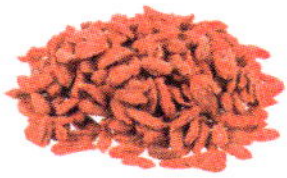

+

1 kiwi en dés
2 c. à café de copeaux
de noix de coco

Pour 2 bowls
Prép. : 10 min

1 Dans un blender, mixez la banane, les yaourts, le lait de soja et les framboises.

2 Répartissez le smoothie dans chaque bol. Parsemez de mulberries, de baies de goji, de kiwi et de coco.

Riz noir
au lait de coco et grenade

200 g de riz noir

300 g de lait de coco

1 grenade

50 g de sucre en poudre

100 g de noix de coco râpée

1 Faites cuire le riz dans une grande casserole d'eau bouillante 20 min, puis égouttez-le.

2 Dans une casserole, faites épaissir le lait de coco avec le sucre à feu doux 5 min.

3 Ajoutez le riz et la noix de coco. Parsemez de graines de grenade.

Red
smoothiebowl

80 g de fruits rouges
et 2 c. à café

+

30 cl de lait

+

1 banane en morceaux

+

2 c. à soupe de miel liquide

+

60 g de muesli
et 2 c. à café

+

12 amandes

Pour 2 bowls
Prép. : 10 min

1 Dans un blender, mixez le lait avec la banane, les fruits rouges et le miel jusqu'à l'obtention d'un smoothie lisse.

2 Répartissez le muesli puis le smoothie dans chaque bol. Décorez avec le reste de muesli, de fruits rouges et les amandes.

Smoothie bowl
pink power

200 g de fruits rouges
et 2 c. à café

1 banane en morceaux

25 cl de lait

2 c. à soupe de sirop d'agave

20 g de noix de coco en dés

2 c. à café de graines
de sésame grillées

Pour 2 bowls
Prép. : 10 min

1 Dans un blender, mixez le lait avec les fruits rouges, la banane et le sirop d'agave jusqu'à l'obtention d'un smoothie lisse.

2 Répartissez le smoothie dans chaque bol. Parsemez du reste de fruits rouges, de noix de coco et de sésame.

Mûres
et quinoa

12 à 16 mûres

+

400 g de fromage blanc

+

4 c. à soupe de confiture de mûre

+

4 c. à soupe de quinoa

+

4 c. à soupe d'amandes effilées

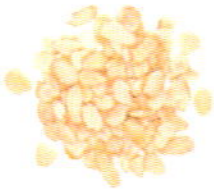

+

4 c. à soupe de graines de tournesol
Quelques feuilles de menthe

Pour 2 bowls
Prép. : 10 min

1 Faites cuire le quinoa selon les indications du paquet.

2 Répartissez dans chaque bol le fromage blanc mélangé à la confiture.

3 Décorez de mûres, de quinoa, d'amandes, de graines de tournesol et de menthe.

Yaourt,
poire et chocolat

150 g de yaourt

+

1 poire en fines lamelles

+

20 g de chocolat noir haché

+

2 c. à soupe de miel

+

2 c. à soupe de beurre de noix

+

30 g d'amandes hachées

1 Incorporez le miel et le beurre de noix au yaourt, mélangez, puis répartissez la moitié dans chaque bol.

2 Couvrez de lamelles de poire et parsemez de chocolat et d'amandes.

Smoothie bowl mangue et banane

2 bananes en morceaux

\+

50 cl de lait d'avoine

\+

300 g de mangue en dés

\+

1 poignée de framboises

\+

1 c. à soupe
de baies de goji séchées

\+

2 c. à soupe de graines de chia

Pour 2 bowls
Prép. : 10 min

1 Mixez la mangue, les bananes et le lait d'avoine jusqu'à l'obtention d'un smoothie bien lisse.

2 Répartissez le smoothie dans chaque bol, puis déposez le reste des ingrédients dessus, en lignes.

Spirale
de superfruits

400 g de yaourt nature

4 c. à soupe de sirop d'agave

8 c. à soupe de myrtilles

4 c. à soupe de baies de goji

4 c. à soupe d'amandes hachées

4 c. à soupe de pistaches hachées
4 c. à soupe de noix de coco râpée

1 Dans un saladier, mélangez le yaourt, le sirop d'agave et les myrtilles. Répartissez la préparation dans chaque bol.

2 Décorez avec les autres ingrédients en les disposant sur le dessus, en spirale.

Nectarines
et mâche au fromage blanc

2 nectarines en dés

5 g de mâche ciselée

20 à 40 g de sirop d'agave

180 g de fromage blanc
à 3 % de MG

4 boudoirs

Cacao en poudre non sucré

1 Mélangez les nectarines avec la mâche et 10 g de sirop d'agave.

2 Répartissez la préparation dans chaque bol.

3 Mixez le fromage blanc, les boudoirs et le reste du sirop d'agave.

4 Versez le mélange dans les bols, puis saupoudrez de cacao. Placez au frais jusqu'au moment de servir.

Smoothie bowl
lait-fraises

Pour 2 bowls
Prép. : 5 min

16 fraises

\+

1 banane en morceaux

\+

2 yaourts nature

\+

2 c. à soupe de sirop d'érable

\+

6 cl de lait d'amande

\+

4 c. à soupe de flocons de quinoa
4 c. à soupe d'amandes

1 Dans un blender, mixez la banane avec le yaourt, le sirop d'érable, le lait d'amande et 10 fraises.

2 Répartissez la préparation dans chaque bol et parsemez de flocons de quinoa et d'amandes.

3 Ajoutez les 6 fraises restantes coupées en lamelles et servez.

Smoothie bowl
bananes-cacahuètes

40 cl de lait

\+

2 bananes en morceaux

\+

2 c. à soupe de cacahuètes non salées concassées

\+

2 c. à soupe de beurre de cacahuètes

\+

2 c. à soupe de pépites de chocolat noir

\+

2 c. à café de sucre complet

Pour 2 bowls
Prép. : 5 min

1 Dans un blender, mixez le lait, les bananes, le beurre de cacahuètes et le sucre jusqu'à l'obtention d'un smoothie lisse.

2 Répartissez la préparation dans chaque bol, puis parsemez de cacahuètes et de chocolat.

Index

Direction de la publication
Isabelle Jeuge-Maynart et Ghislaine Stora

Direction éditoriale
Émilie Franc

Édition
Maud Rogers et Alice Delbarre

Conception graphique et mise en page
Agnès Cappadoro

Couverture
Véronique Laporte-Bouchereau

Fabrication
Donia Faiz

Crédits des recettes
© Larousse, Anne Loiseau : p. 32, 36, 39, 40, 42, 44, 46 / © Larousse, Béatrice Vigot-Lagandré : p. 75 / © Larousse, Audrey Cosson : 6, 13, 14, 18, 20, 22, 24, 26, 28, 30, 33, 34, 38, 50, 53, 54, 64, 68, 71, 88 / © Larousse, Quitterie Pasquesoone : p. 10, 16, 17, 25, 48, 49, 56, 57, 60, 66, 67, 74, 78, 79, 82, 83, 84, 89, 92, 93 / © Larousse, Bérengère Abraham : p. 61, 70 / © Larousse, Blandine Boyer : p. 12 / © Larousse, Catherine Conan : p. 90 / © Larousse, Catherine Moreau : p. 80 / © Larousse, Coralie Ferreira : p. 62, 72 / © Larousse, Pauline Dubois : p. 8, 58 / © Larousse, Zoé Armbruster : p. 52, 76, 86.

Crédits des photographies
© Larousse, Fabrice Besse : p. 37, 41, 43, 45, 47 / © Larousse, Claudia Gödke : p. 7, 15, 19, 21, 23, 27, 29, 31, 35, 51, 55, 65, 69 / © Larousse, Charly Deslandes : p. 91 / © Larousse, Philippe Vaurès Santamaria : p. 81 / © Larousse, Aimery Chemin : p. 63, 73 / © Larousse, Fabrice Veigas : p. 9, 59 / © Larousse, Aurélie Jeannette : p. 11, 85 / © Larousse, Zoé Armbruster : p. 77, 87.

Photographies de couverture : © Larousse, Aurélie Jeannette.

ISBN : 978-2-03-597246-0
Imprimé en Slovaquie par Polygraf Print
Dépôt légal : avril 2019
323250/01 - 11040380 - janvier 2019